太極拳

Die dunkle Seite des Taijiquan

Vielen Dank all denen,
die uns auf unserem Weg
geleitet und begleitet haben!

Achim Keller
Budoka seit 1973
8. Dan Karate
8. Dan Kyusho-Jitsu

Dieter Kießwetter
Budoka seit 1967
Taijiquan seit 1986
6. Dan Karate
6. Dan Kyusho-Jitsu

Achim Keller / Dieter Kießwetter

Die dunkle Seite des Taijiquan

Dim-Mak in der Peking-Form

Bibliografische Information der Deutschen Nationalbibliothek:
Die Deutsche Nationalbibliothek verzeichnet diese Publikation in der
Deutschen Nationalbibliografie; detaillierte bibliografische Daten sind
im Internet über http://dnb.dnb.de abrufbar.

Impressum
© 2016 Achim Keller/Dieter Kießwetter
Herstellung und Verlag: BoD – Books on Demand, Norderstedt
Grafiken: Achim Keller
Fotos: Monika Kießwetter
Satz und Layout: Dieter Kießwetter
ISBN: 9783741274725

Inhaltsverzeichnis

Vorwort 7
Taijiquan 9
Die Geschichte des Taijiquan 11
Die Übungen des Taijiquan 15
Das Qi und die Leitbahnen 21
Die Fünf Wandlungsphasen 25
Das Nervensystem 27
Die 24 Folgen der Peking-Form 31
    Folge 1: Der Beginn 32
    Folge 2: Die Mähne des Wildpferdes teilen 34
    Folge 3: Der weiße Kranich breitet seine Schwingen aus 36
    Folge 4: Das Knie streifen 39
    Folge 5: Das Lautenspiel 40
    Folge 6: Zurückschreiten und die Arme wirbeln 41
    Folge 7: Den Spatzenschwanz fangen, links 42
    Folge 8: Den Spatzenschwanz fangen, rechts 43
    Folge 9: Die Peitsche 46
    Folge 10: Die Wolkenhände 47
    Folge 11: Die Peitsche 48
    Folge 12: Auf dem Pferd reiten und nach dem Weg fragen 49
    Folge 13: Der rechte Fersenstoß 50
    Folge 14: Die Ohren des Gegners mit beiden Fäusten schlagen 51
    Folge 15: Umdrehen und der linke Fersenstoß 52
    Folge 16: Hinuntersteigen und auf einem Bein stehen, links 54
    Folge 17: Hinuntersteigen und auf einem Bein stehen, rechts 56
    Folge 18: Das Webschiffchen schleudern 57

Folge 19: Die Nadel auf dem Meeresboden 59
Folge 20: Die Arme wie Fächer ausbreiten 60
Folge 21: Umdrehen, abwehren und zustoßen 62
Folge 22: Verschließen 63
Folge 23: Die Hände kreuzen 65
Folge 24: Der Abschluss 66
Literaturverzeichnis 68

Vorwort

Mit dem vorliegenden Buch möchten wir eine wenig bekannte und daher „dunkle" Seite des Taijiquan beleuchten: Techniken, die gezielt gegen Meridiane, Akupunkturpunkte, Blutgefäße, Muskeln, Sehnen und Nerven mit teilweise verheerender Wirkung gerichtet sind. Bekannt sind solche Aktionen in den chinesischen Kampfkünsten unter den Bezeichnungen *Dim-Mak* (Kantonesisch) und *Dian-Mai/Dian-Xue* (Mandarin), im japanischen Kampfkunstbereich unter dem Begriff *Kyusho-Jitsu*. In Korea werden sie *Kupso Sul* oder *Hyol Do Bop*, in Indien *Marma-Adi* genannt. Für den Untertitel unseres Buches haben wir *Dim-Mak* gewählt, da dieser Terminus für den Bereich der chinesischen Kampfkünste am bekanntesten ist. Dim-Mak, das wie das Taijiquan auf den legendären Zhang Sanfeng zurückgehen soll, ist keine eigenständige Kampfkunst und kein Kampfsport, sondern ein System zur Manipulation der Vitalpunkte, das in fast allen Kampfstilen und Selbstverteidigungssituationen eingesetzt werden kann.

In der Literatur zu Taijiquan finden sich nur an wenigen Stellen Erwähnungen zu Angriffen auf vitale Punkte. Entweder ist das Wissen verloren gegangen, wurde wegen der Gefährlichkeit geheim gehalten oder gar absichtlich verschwiegen, um ein gesundheitsorientiertes Image nicht zu beschädigen.

Im theoretischen Teil dieses Buches werfen wir einen kurzen Blick auf die Entwicklung des Taijiquan als System zur Verteidigung gegen Angriffe und Krankheiten, woran sich eine Einführung in die Theorie und die Möglichkeiten des *Dim-Mak* anschließt. Im praktischen Teil zeigen wir anhand der 24 Folgen der Peking-Form, wie sich die Techniken gegen vitale Punkte des Angreifers effektiv anwenden lassen.

Geübt werden sollte nur unter der Anleitung eines erfahrenen Lehrers, der auch die Reanimationstechniken beherrscht. Die Autoren übernehmen keine Verantwortung für eventuelle Schäden, die durch unsachgemäßes Anwenden der in diesem Buch beschriebenen Techniken verursacht werden!

Taijiquan

Das Wort *Taijiquan* setzt sich aus zwei Bedeutungseinheiten zusammen: *Taiji* und *Quan (Chuan)*. *Quan* kann mit „Faust" oder „Kampfkunst" übersetzt werden und weist auf die martialische Herkunft hin.

Eine eher profane Übersetzung für *Taiji (Tai Chi)* ist „Berggipfel" oder „Höchster First" (Engelhardt, 1981, S. 11), der oberste Balken des Hauses. Eine wichtige Rolle im Weltbild des alten China spielte *Taiji* als „der große Balken". (Anders, 2001, S. 9) Die Erde wurde als Viereck gedacht, über dem sich der Himmel wölbt. Damit dieser nicht die Welt zerdrückt, wird er gestützt von Balken an den Rändern und dem großen in der Mitte, der tief in der Erde wurzelt und am Himmel den Nordstern berührt.

Als ins Geisteswissenschaftliche reichende Übersetzung für *Taiji* „bietet sich das höchste Äußerste an." (Bödicker, 2013, S. 13) Als „universaler Urzustand" (Moegling, 1993, S. 5) ist es der Ursprung von Yin und Yang, die als philosophische Begriffe seit dem 4. Jh. v. Chr. bekannt sind. (Bödicker, 2013, S. 16) Sie stellen ein Gegensatzpaar dar, dessen Elemente sich gegenseitig bedingen wie der zyklische Wechsel von Tag und Nacht. Ist ein Extremum erreicht, beginnt der Wandel hin zum diametralen Gegensatz. Grafisch dargestellt wird dies durch das runde Taiji-Symbol, dessen Elemente Yin (schwarz) und Yang (weiß) ihr Gegenüber jeweils in einem kleinen Kreis beinhalten.

Welche Übersetzung oder Interpretation man auch bevorzugt, so ist doch allen gemein, dass *Taiji* eine herausragende Rolle spielt. In Verbindung mit *Quan* entsteht die „höchste Kampfkunst". Zugeordnet wird Taijiquan der „Inneren Schule", die sich in den Tempeln des Wudang-Gebirges entwickelt haben soll. (Engelhardt, 1981, S. 11)

Die Geschichte des Taijiquan

Der Legende nach soll der daoistische Gelehrte Zhang Sanfeng (Ende des 13. bis Ende des 14. Jahrhunderts), der als Eremit im Wudang-Gebirge lebte, den Kampf einer Schlange mit einem Kranich (Bödicker, 2013, S. 21) bzw. einer Elster (Engelhardt, 1981, S. 12) beobachtet haben. Durch Flexibilität und runde Bewegungen gelang es der Schlange, sich der Attacken des Vogels erfolgreich zu erwehren, was Zhang Sanfeng zur Entwicklung des Taijiquan mit seinen weichen und fließenden Aktionen inspirierte. Er wurde zum Protagonisten der „Inneren Schule" des Faustkampfes *(Neijiaquan)*; vielleicht als Gegenpol zu Bodhidharma, der im buddhistischen Shaolin-Tempel als Begründer der „Äußeren Schule" *(Waijiaquan)* mit ihren harten und geraden Techniken gilt.

Gemeinsam ist beiden Schulen, dass sie Meditation, Gesundheitspraktiken und Selbstverteidigungstechniken miteinander verbinden. Dies stellt aber keinen Widerspruch dar, denn egal, ob man sich gegen Krankheiten oder Gegner zur Wehr setzt, beides dient der Erhaltung der Gesundheit!

Den historischen Hintergrund des Taiji-Faustkampfes behandelt das Buch „Taijiquan tushuo", das von Chen Peisan, einem Mitglied der Chen-Familie, im Zeitraum von 1909 bis 1928 verfasst wurde. In ihm wird Chen Wanting aus dem Dorf Chenjiagou als Begründer angegeben. (Vgl. Engelhardt, 1981, S. 13). Bekannt ist, dass bereits zur Zeit der Dorfgründung im 14. Jh. durch dessen Vorfahren Chen Bo eine Kampfkunst in der Familie geübt wurde, die man nach ihrer Herkunft *Tongbeiquan* nannte. Diese wurde innerhalb der Familie sowie an Nachbarn weitergegeben, um sich gegen marodierende Banden zur Wehr zu setzen.

Chen Wanting war ein General der Ming-Dynastie, der nach deren Sturz Mitte des 17. Jahrhunderts seinen Status verlor und sich nach Chenjiagou zurückzog. Er studierte *Daoyin* (Qigong-Übungen), *Tuna* (daoistische Atemschulung) sowie die daoistischen Lehren und verknüpfte sie mit der Kampfkunst. Dabei legte Chen Wanting das Werk des Generals Qi Jiguang „Die 32 Formen des Boxens" aus dem 16. Jh. zugrunde, das die wesentlichen Aspekte der damals bekannten Systeme zusammenfasste. „Er entwickelte ein System, das gesundheitsfördernde Übungen des Qigong und kämpferische Bewegungen des Wushu in ein- und demselben Moment zuließ." (Silberstorff, 2003, S. 31)

Aus dem Taijiquan der Chen-Familie entwickelten sich andere Stile; die bekanntesten sind Yang, Sun, nördlicher und südlicher Wu-Stil. Gemeinsam ist ihnen, dass anstelle der Muskelkraft die innere Energie eingesetzt wird. Die Techniken wurden zumeist nur innerhalb der Familie oder eines begrenzten Kreises weitergegeben.

Dies änderte sich, als nach dem Boxerkrieg (1901) und Ende des chinesischen Kaiserreiches (1911) die Bedeutung der traditionellen Kampftechniken vor dem Hintergrund der modernen westlichen Waffen stark sank. Die bisher geheim gehaltenen Formen und Partnerübungen wurden einer breiten Öffentlichkeit zugänglich gemacht. Um die Attraktivität zu erhöhen und einen größeren Verbreitungsgrad zu erreichen, wurden schwierige Passagen durch einfache und schnelle Techniken durch langsame ersetzt. So konnten traditionelles Wissen, Können und Kultur in die neue Zeit tradiert werden. Als Ausdruck des Martialischen wurde das Pushhands in den Vordergrund gerückt. „Die Form ist die Grundlage und damit das Kulturelle und das Pushhands ist die Anwendung und damit das Kämpferische." (Bödicker, 2013, S. 94) Ob es den Lehrenden um den Transfer des Kulturguts oder um eine Verbesserung der materiellen Einnahmen ging, sei dahingestellt!

Ab den 1920-er Jahren wurde Taijiquan auch durch Bücher verbreitet. 1921 veröffentlichte Hsu Yusheng, ein Student des Yang-Stils, das „Illustrierte Handbuch des Taijiquan". Vier Jahre später wurde „Die Kunst des Taijiquan" von Chen Weiming, einem Schüler von Yang Chengfu (Enkel des Stilbegründers), herausgegeben. Da in ihm aber keine Anwendungen zu der Form beschrieben sind, veröffentlichte Yang Chengfu 1933 sein Buch „Selbstverteidigungsmethoden des Taijiquan" mit Pushhands-Übungen und 37 Anwendungen. Im Folgejahr erschien Yangs nächstes Buch unter dem Titel „Taijiquan tiyong quanshu" („Prinzipien und Anwendungen des Taijiquan"), in dem Form und Anwendungsmöglichkeiten in erzählender Weise dargestellt werden. (Vgl. Cheng, 1988, S. 9 und Wile, 1983, S. iii f.)

Auch außerhalb Chinas stieß Taijiquan auf Interesse. Bereits 1941 wurde eine erste Schule in San Francisco eröffnet. Mit der Machtübernahme der Kommunisten auf dem chinesischen Festland im Jahre 1949 flohen viele Kampfkunstmeister nach Taiwan oder in andere Länder. Zu ihnen gehörte Zheng Manqing (Cheng Manching), ein Schüler Yang Chengfus, der auf Basis des Yang-Stils eine Form mit 37 Folgen entwickelt hatte. Durch ihn und seine Schriften wurde ab 1964 Taijiquan in New York und später auch Amsterdam bekannt. (Vgl. Engelhardt, 1981, S. 15 ff.) Seine Form und seine Partnerübungen werden heute noch praktiziert.

Im China Mao Zedongs (Mao Tsetungs) wurden in den 1950-er Jahren zahlreiche Maßnahmen ergriffen, um die „Volksgesundheit" zu verbessern. Dazu gehörte auch, dass das Nationale Komitee für körperliche Erziehung 1956 eine 24-er Form und 1957 eine 88-er Form auf der Basis des Yang-Stils veröffentlichte. (Vgl. Wile, 1983, S. xiii) Als Mao 1960 neben Schwimmen, Bergsteigen u. a. auch Taijiquan zur Körperertüchtigung empfahl, wurden verstärkt Lehrmaterialien erstellt, Lehrer ausgebildet und Übungsmöglichkeiten in der Öffentlichkeit geschaffen. (Vgl. Engelhardt, 1981, S. 16)

Wahrscheinlich um den Anforderungen anderer Stilisten Genüge zu tun, wurden in der Folgezeit auch eine 48-er und 66-er Form entwickelt, die Elemente verschiedener Stile beinhalten. Außerdem wurden Pushhands-Übungen sowie der Umgang mit dem Schwert und anderen Waffen gefördert, was auf großes Interesse nicht nur in China stieß. (Vgl. Simplified "Taijiquan", 1980, S. 6) Auch fanden die Anhänger des „Schattenboxens" in ihrem Tun eine ganzheitliche Gesundheitsübung, Schulung des Körperbewusstseins und Meditation in der Bewegung. (Vgl. Lie, 1987, S. 7) Ähnlich sehen dies Jan Silberstorff (2003, S. 58 ff.) als Philosophie, Gesundheitslehre, Kampfkunst und geistige Übung sowie Christa Proksch (1987, S. 68 ff.), die von einem universalen Lebensmuster für Kampf, Alltag, Sport und Gesundheit spricht.

Der weltweite Siegeszug des Taijiquan begann in den 1960-er Jahren. In den USA und der gesamten westlichen Welt entwickelte sich eine Friedensbewegung gegen den Vietnamkrieg, die in der Hippie- oder auch Flower-Power-Bewegung ihren Gipfel fand. Viele, gerade junge Menschen waren auf der Suche nach Alternativen, um sich von etablierten gesellschaftlichen Zwängen zu befreien. Auf der Suche nach Eigenständigkeit und Selbstverwirklichung probierte man die verschiedensten Wege. Hierzu gehörte auch die Meditation in Versenkung und in Bewegung. So zeigt z. B. der Film „Woodstock – 3 Days of Peace and Music" (1970, Regie: Michael Wadleigh) Festivalbesucher, die sich durch das Getümmel ringsherum nicht stören lassen und Kundalini-Yoga sowie eine Form des Yang-Stils üben.

Durch Exilchinesen, Chinareisende und Austauschstudenten verbreitete sich Taijiquan auch in Europa und wurde als ganzheitliche Gesundheitsübung zum festen Bestandteil des Angebotes von kommerziellen Schulen, Bildungseinrichtungen und Vereinen. Betont wurden die positiven Einflüsse auf Nerven-, Atmungs-, Kreislauf- und Verdauungssystem sowie auf den gesamten Bewegungsapparat. (Vgl. Lie, 1987, S. 14 ff.)

Nach Zheng Manqing kamen weitere renommierte chinesische Lehrer der verschiedenen Stilrichtungen nach Europa und brachten die Entwicklung voran. Gelehrt wurden neben Hand- und Waffenformen auch Partnerübungen wie das Pushhands. Bald darauf kam es zur Gründung von nationalen und internationalen Verbänden. Unter dem sportlichen und kämpferischen Aspekt fanden und finden Wettkämpfe auf dem Gebiet der Formen und Partnerübungen statt. Als China den Zuschlag für die Olympischen Sommerspiele 2008 erhalten hatte, versuchte man modernes Wushu (dt.: Kriegskunst) als Sportart zu etablieren. U. a. sollten im Bereich des Taijiquan die aus verschiedenen Stilrichtungen zusammengestellte 42-er Handform und die 42-er Schwertform olympische Disziplinen werden! Doch wurde dies vom Internationalen Olympischen Komitee (IOC) abgelehnt. Nichtsdestotrotz ist der sportliche Taiji-Wettkampf mit seinen Regeln zu einem festen Bestandteil des Taijiquan weltweit geworden.

Die Übungen des Taijiquan

Taijiquan umfasst eine große Bandbreite von der Kriegskunst über die Meditation bis hin zum Wettkampfsport. Was aber ist das Spezifische, das das „Schattenboxen" zu einer Kampfkunst der inneren Schule macht?

Jan Silberstorff (2003, S. 57 ff.) bezeichnet dies als das Taiji-Prinzip, das allen Bewegungen, Techniken und Anwendungen zugrunde liegt. Es beinhaltet ein intuitives Handeln, das einsetzt, bevor der Gegner seine Absicht in die Tat umsetzen und seine Kraft/Energie sich entfalten kann. Es gilt, diese Kraft in ihrer Entstehung wahrzunehmen, sie zu „hören" *(Ting Jin)*, zu verstehen *(Dong Jin)*, sie umzuleiten *(Hua Jin)* und die eigene Kraft hinzuzufügen *(Fa Jin)*. Zum Einsatz kommt dabei die „innere" Kraft, die sich von der rein muskulären unterscheidet. Sie „verwirklicht sich im absichtslosen Handeln von selbst. [...] Die *jin*-Kraft zeichnet sich durch Weichheit und Elastizität aus und entsteht durch das Zusammenwirken von Muskeln, Qi und Geist." (Bödicker, 2013, S. 39)

Eine etwas anders gelagerte Erklärung liefert Stuart Olson, der drei Aspekte der inneren Kraft/Energie *(Nei Jin)* des Taijiquan anführt. Er beschreibt *Jin* als Energie aus Hüften und Beinen, die durch die Sehnen und ihre Ansätze weitergeleitet wird. Das *Qi* wird an der Wirbelsäule aktiviert, *Shen* wird durch Willen und Geist mobilisiert. Diese drei Energien sind dem Körper, Atem und Geist zugeordnet; sie können separat betrachtet werden, zusammen aber bilden sie eine funktionale Einheit. (Olson, 2002, S. 19 f.)

Die Kraft des Taijiquan hat ihre Wurzeln in den Füßen, wird über die Beine ausgestoßen, durch Hüfte/Taille gelenkt, durch die Wirbelsäule abgegeben und tritt durch die Hände und Finger aus. Damit steht das Taijiquan aber nicht alleine! Auch ein Kugelstoßer würde die Ausführung seiner Technik mit ähnlichen Worten beschreiben. Ein Karateka könnte im *Shin – Gi – Tai* (jap. für Geist – Technik – Körper) Parallelen sehen. Der Weg zum Erlernen und Beherrschen der Kampfkunst Taijiquan führt aber nicht über Schnellkraftübungen, sondern im Gegenteil über langsame, bewusst geführte Bewegungen! Darum ist allen Stilen das Erlernen und regelmäßige Üben der Hand- und Waffenformen (z. B. Schwert, Säbel, Speer etc.) gemeinsam. Einige praktizieren auch vorbereitende und begleitende Übungen wie im Chen-Stil die „Stehende Säule" *(Zhanzhuang)* und die „Seidenübungen" *(Cansigong)*.

Sind erste Grundlagen vorhanden, kann man zu den Partnerübungen übergehen. In einer grundlegenden Stufe stehen sich die beiden Partner zum „Händeschieben in fixierter Schrittstellung" *(Dingbu Tuishou)* gegenüber, bringen die Hände in Kontakt und versuchen, die Jin-Kraft des Gegenübers zu fühlen, zu verstehen und darauf zu reagieren.

Beim „Händeschieben in variabler Schrittstellung" *(Huobu Tuishou)* werden die vier Handtechniken (Jin-Kräfte) *Peng, Lü, Ji* und *An* geübt. Diese korrespondieren mit den vier Haupthimmelsrichtungen; ihre Zuordnung ist aber nicht einheitlich. (Vgl. hierzu Anders, 2001, S. 202 f. und Bödicker, 2013, S. 73)

		Anders	Bödicker
Peng	Abwehr nach vorn/oben	Süden	Süden
Lü	Ableiten/Ziehen	Norden	Westen
Ji	Vordringen/Pressen	Westen	Osten
An	Drücken/Kontrollieren	Osten	Norden

Dabei haben die Übungspartner die Möglichkeit, auf Aktionen flexibel mit Schritten zu reagieren oder selber aktiv zu werden. Dies schult den Gleichgewichtssinn und das Distanzgefühl.

Beim „großen Ziehen" *(Dalü)* kommen die in die vier Nebenhimmelsrichtungen gerichteten Handtechniken (Jin-Kräfte) Cai, Lie, Zhou und *Kao* hinzu.

		Anders	Bödicker
Cai	Pflücken	Südwest	Nordwest
Lie	Spalten	Nordwest	Südost
Zhou	Ellbogenstoß	Südost	Nordost
Kao	Schulterstoß/Anlehnen	Nordost	Südwest

Dies erweitert den Bewegungsraum und erhöht die Anforderungen an Technik und räumliche Orientierung der Übenden. Jetzt ist der Übende mit den acht grundlegenden Handtechniken oder wörtlich „acht Toren" *(Bamen)* vertraut. Zu den Bewegungsformen der Arme kommen die fünf Schrittarten *(Wubu)* der Beine hinzu, die der Idee der fünf Wandlungsphasen (Elemente) folgen.

	Anders	Bödicker
Vordringen/nach vorne gehen	Metall	Feuer
Zurückweichen	Wasser	Wasser
Nach links blicken/sich drehen	Feuer	Holz
Nach rechts blicken/sich drehen	Holz	Metall
Stabiles Gleichgewicht/Zentrum	Erde	Erde

Mit den „Dreizehn Bewegungsformen" *(Shisanshi)* hat der Übende die grundsätzlichen Möglichkeiten, seine Arme und Beine zu bewegen, erlernt. Sie sollen von Zhang Sanfeng entwickelt worden sein und „stellen das Ur-*taichi chuan* dar." (Anders, 2001, S. 202)

Das bisher besprochene *Tui Shou* wird im deutschsprachigen Bereich mit „Hände-schieben, schiebende Hände" übersetzt. Doch trifft dies nur einen Aspekt der Bedeutung, die das Wort *Tui* in der chinesischen Alltagssprache hat. Neben „schieben" kann es auch „nachgeben, übergeben und untersuchen" heißen und deutet damit auf die Feinfühligkeit und Sensibilität der Partnerübungen. Die Übersetzung „fühlende Hände" scheint hier angebrachter! (Vgl. Olson, 2002, S. 51 f.)

Waren die bisher vorgestellten Übungsformen weitgehend abgesprochen oder zumindest vorgegeben, um die acht wesentlichen Jin-Kräfte zu verstehen und zu kontrollieren, so gibt es beim „Hände loslassen" *(Sanshou)* nur noch wenige festgelegte Techniken. Die Übungspartner haben Armkontakt, bewegen sich frei und versuchen die Aktionen des Gegenübers zu kontrollieren, sie sogar zu antizipieren, sie umzuleiten und für den eigenen Angriff zu nutzen. Doch keine Regel ohne Ausnahme: Im Yangstil gibt es eine Sanshou-Form mit 88 festgelegten Aktionen. (Vgl. hierzu Kwong, 1981, S. 77 ff. und Yang, 1996, S. 233 ff.)

Die Soloformen und die Partnerübungen, welche mit einem älteren, weniger bekannten, dafür martialischeren Begriff auch *Da Shou* („schlagende Hände") bezeichnet werden (Olson, 2002, S. 51 f.), sind die Grundlagen, um das Taijiquan zu einer Kampfkunst zu entwickeln, die der Selbstverteidigung dient. Das Üben der Form(en) entwickelt die körperliche Weichheit und Elastizität, das Üben mit Partnern die Feinfühligkeit, um die Kraft und Intention des Angreifers zu hören, zu verstehen und umzuleiten. Gelingt es dann noch, die eigene Kraft hinzuzufügen, spricht man vom *Fa Jin*. „Es ist eine wesentliche Energie in ihrer höchsten Ausprägung. Sie wird beim Ausatmen blitzschnell ausgestoßen und kann dem Gegner schweren Schaden zufügen." (Engelhardt, 1981, S. 36)

Noch gefährlicher wird es, wenn diese Energie zielgerichtet (*Dian* = mit dem Finger zeigen/drücken/hineinbohren) auf Vitalpunkte *(Xue)* trifft. Dies sind Akupunktur- oder Nervenpunkte, die in der Anatomie als „Foramina" (Sing.: „Foramen") bezeichnet werden und Öffnungen (Lücken, „Löcher") in einem Gewebe oder Organ sind. Durch den Angriff darauf kann der Energiefluss des Gegners gestört werden. In den chinesischen Kampfkünsten geht man von 108 Vitalpunkten aus, deren negative Stimulation unterschiedliche Folgen haben kann (Vgl. Engelhardt, 1981, S. 37*):*

— Stummheit (*Yaxue*)
— Lähmung (*Maxue*)
— Bewusstlosigkeit (*Hunxue*)
— Tod (*Sixue*).

Über das *Dianxue*, das „Versiegeln der Vitalpunkte", hinaus kennt das Taijiquan noch weitere lebensbedrohliche „Energien". Erwähnt werden sie in den „40 Texten der Familie Yang", einer Sammlung, die das ganze Spektrum dieser Kampfkunst von der Philosophie bis hin zu den Anwendungen behandelt. Sie soll in der zweiten Hälfte des 19. Jahrhunderts verfasst worden sein; gänzlich veröffentlicht wurde sie erst Ende des 20. Jahrhunderts. Einzelne Texte finden sich aber schon in den Büchern der Familie Yang ab 1931. (Vgl. Bödicker, 2013, S. 72) Im Text 29 werden neben dem „Versiegeln" noch drei weitere „Fähigkeiten" dargestellt:

– Durch das Abschnüren und Kontrollieren der Blutgefäße werden die Blutzirkulation und die Sauerstoffversorgung gestört.
– Durch das Erfassen der Meridiane kann das Qi nicht fließen.
– Durch das Ergreifen der Sehnen wird die Kraft gebrochen, und der Körper ist außer Kontrolle.

Doch setzt die optimale Anwendung die genaue Kenntnis der Position der Vitalpunkte, Blutgefäße, Meridiane und Sehnen sowie ein beharrliches Üben voraus. „[…] diese vier Fähigkeiten kann man nur erreichen, wenn man Fuß, Zoll, Hundertstel und Tausendstel gemeistert hat." (Bödicker, 2013, S. 100) Möglicherweise waren die Komplexität der Anwendungen, die fehlende Ausdauer der Schüler oder die Zurückhaltung der Lehrer Gründe dafür, dass die Kenntnisse darüber nach und nach verloren gingen. (Vgl. Olson, 2002, S. 227)

In den schriftlichen Überlieferungen der Familie Yang und ihres Schülers Zheng Manqing finden sich zahlreiche Beschreibungen und Darstellungen der Prinzipien und Anwendungen des Taijiquan. Wir haben diejenigen, die auch in der 24-er Peking-Form enthalten sind, auf der Basis der Bücher von Cheng (Zheng), Swaim, Wagner, Wile und Yeung *(s. Literaturverzeichnis)* verglichen, um zu ermitteln, ob die oben dargestellten vier „Fähigkeiten" zum Einsatz kommen.

Viele der Techniken dienen dazu, den Gegner zu entwurzeln, wegzuschleudern oder niederzuwerfen. Häufig kommt auch ein Stoß mit Handballen oder Faust zur Brust, zum Bauch und zu den Rippen zum Einsatz. Sicherlich können Techniken wie „Die Peitsche" effizient sein, doch ist in den Texten nicht die Rede von Angriffen auf Vitalpunkte und Meridiane.

Fußtritte zielen in die Rippen- und Bauchregion sowie zu den Genitalien wie hier in der Folge „Hinuntersteigen und auf einem Bein stehen, links"; aber auch dazu bedarf es keines dezidierten Wissens auf der Basis einer langwierigen Ausbildung.

Ein „Versiegeln der Vitalpunkte" finden wir bei „Mähne des Wildpferdes teilen", wenn mit einer peitschenartigen Bewegung des Arms die Achselhöhle mit Akupunkturpunkt Herz 1 sowie zahlreichen Blut- und Lymphbahnen angegriffen wird.

Ein Abschnüren der Blutgefäße und auch der Atemzufuhr ist in der Erklärung zu der Folge „Hinuntersteigen und auf einem Bein stehen" nur angedeutet, wenn „die Hand zum Hals geht".

In der Folge „Das Lautenspiel" ist ein Ergreifen und Hebeln von Handgelenk und Ellbogen enthalten, um den Gegner zu destabilisieren oder den Arm zu brechen. Sicherlich sind hier auch die Sehnen mit betroffen, doch ausdrücklich wird deren Kontrolle nicht erwähnt.

Gleiches gilt auch für die Techniken des Yang-Stils, die nicht in der 24-er Form enthalten sind. Die vier lebensbedrohlichen Energien/Fähigkeiten sind in den Schriften der Yang-Familie nur in Ansätzen zu finden! Auch jüngere Autoren wie Liang/Wu (1996), die sich intensiv mit den Anwendungen der 24-er und 48-er Form auseinandersetzen, heben zwar die Wichtigkeit des Qiflusses sowie der Atmung hervor und zeigen effektive Kontertechniken, doch gehen sie nicht auf Akupunkturpunkte, Meridiane, Blutgefäße und Sehnen ein.

Diese im Vorherigen dargestellten Prinzipien werden im Internet und auch in der Literatur häufig unter dem geläufigen Oberbegriff *Dim-Mak* subsummiert. Yang, Iving-Ming (1995, S. 2) differenziert dahingehend, dass sich der Begriff *Dian-Xue* auf Angriffe zu Vitalpunkten, *Dian-Mai/Dim-Mak* auf Meridiane und Blutgefäße bezieht. Das Ergreifen und Kontrollieren von Sehnen und Muskeln, um deren Funktion zu stören, wird als *Fen Jin* bezeichnet. Nach Yang beinhaltet Taijiquan, als Teil der der chinesischen Kampfkünste, Techniken, die

– den Gegner „entwurzeln", ihn wegstoßen und/oder zu Boden bringen, indem sie sein Gleichgewicht stören
- den Angreifer immobilisieren *(Qinna)*, indem sie seine Gelenke hebeln und evtl. brechen *(Cuogu)* oder Sehnen und Muskeln kontrollieren
– als Griff, Schlag oder Tritt die Vitalpunkte, Meridiane, Blutgefäße, Organe und Atemwege *(Biqi)* attackieren und dadurch Blockaden mit Schmerzen und Kollaps auslösen können.

Oftmals werden diese Prinzipien in Kombination eingesetzt; so kann zum Beispiel auf den Einsatz einer Qinna-Technik ein Angriff auf einen Vitalpunkt folgen, um den Gegner auszuschalten. (Vgl. Yang, 1996, S. 9 ff.)

Wir werden uns im Folgenden primär mit Angriffen auf verletzliche Punkte des menschlichen Körpers befassen. Diese werden in den Kampfkünsten mit den verschiedensten Begriffen bezeichnet: Vitalpunkte, Kyusho-Punkte, Aku(punktur)punkte oder Dim-Mak-Punkte. Wir werden letztere Bezeichnung gebrauchen. Die Lokalisation dieser Stellen und Regionen kann mithilfe der Meridiane und der Akupunkte erfolgen. Um das ganze System zu verstehen, müssen wir einen Blick in die Traditionelle Chinesische Medizin, aber auch in die westliche Neurologie werfen.

Das Qi und die Leitbahnen

Über das *Taiji* als Ursprung von Yin und Yang sprachen wir bereits im Kapitel „Der Name". Im „Shuowen jiezi" einem Bedeutungslexikon aus der Zeit um 200 v. Chr. findet sich für das Schriftzeichen *Yin* die Erklärung „Schatten, Südseite eines Flusses, Nordseite eines Berges"; *Yang* ist das Gegenteil und steht für hohe Helligkeit und Klarheit. (Vgl. Bödicker, 2013, S. 17) In Abstraktion kann das Gegensatzpaar auf vieles hinweisen, z. B.:

Yin	Yang
weiblich	männlich
negativ	positiv
passiv	aktiv
dunkel	hell
Nacht	Tag
Mond	Sonne
unten	oben
Ruhe	Bewegung
weich	hart

In der Han-Zeit (206 v. Chr.–220 n. Chr.) wurde der philosophische Yin-Yang-Dualismus auf den Bereich der Medizin übertragen. Sind beide Seiten im Gleichgewicht, so ist der Mensch gesund; besteht eine Disharmonie, so treten Krankheiten auf. Aufgabe der Traditionellen Chinesische Medizin (TCM) ist es primär, diese Dissonanzen zu verhindern bzw. sie durch geeignete Maßnahmen wiederherzustellen. Die wesentliche Rolle spielt dabei das Qi. Diesen Begriff adäquat zu übersetzen ist schwierig. Das Schriftzeichen ist eine Kombination aus den Zeichen für „Reis" und „Dampf". In der Kosmologie sind alle Dinge durch Qi geeint; seine Natur kann Substanz und Leere, Ruhe und Bewegung sein. (Vgl. Bödicker, 2013, S. 27 ff.)

Wir gebrauchen diesen Begriff für Atem, Energie und Lebenskraft. Im Körper fließt Qi durch die Atemwege und die Leitbahnen *(Jingluo)*, die im Westen in Anlehnung an die Astronomie als Meridiane bezeichnet werden. Sie muss man sich als ein System von Kanälen vorstellen, die nicht nur unter der Oberfläche des Körpers, sondern auch in ihm zu finden sind. Sind Kanäle verstopft oder laufen sie über, kommt es zu Störungen.

Um diese Dysbalancen von Yin und Yang zu beheben, kennt die TCM verschiedene Methoden: Diätetik, Arzneimitteltherapie, Atem- und Bewegungsübungen (Qigong, Taijiquan) sowie Massagen, Moxibustion, Akupressur und Akupunktur, die sich an den Meridianen und Akupunkten orientieren.

Die sechs Yin-Meridiane (in Klammern: Abkürzung, Zahl der Akupunkte) sind:

– Herz (He, 9)
– Herzbeutel, Pericard (Pc, 9)
– Lunge (Lu, 11)
– Milz (Mi, 21)
– Niere (Ni, 27)
– Leber (Le, 14).

Die ersten drei verlaufen vom Körperstamm zu den Fingern, die weiteren von den Zehen zum Stamm. Sie sind den inneren „festen" Organen zugeordnet und verlaufen auf der Innenseite des Körpers. Bei Angriffen auf Punkte dieser Meridiane zieht sich der Körper zusammen.

Die sechs Yang-Meridiane sind:

– Dickdarm (Di, 20)
– Dünndarm (Dü, 19)
– Dreifacher Erwärmer (3E, 23)
– Blase (Bl, 67)
– Gallenblase (Gb, 44)
– Magen (Ma, 45)

Die ersten drei verlaufen von den Fingern zum Gesicht, die folgenden vom Gesicht zu den Zehen. Sie sind den inneren „hohlen" Organen zugeordnet und verlaufen auf der Außenseite des Körpers. Der Magenmeridian ist eine Ausnahme; er beginnt auf der Innenseite und endet auf der Außenseite. Bei Angriffen auf Punkte dieser Meridiane streckt sich der Körper.

Neben den zwölf Hauptmeridianen arbeitet die TCM mit acht Extrameridianen, die als ausgleichende Energiespeicher dienen. Wichtig für das *Dim-Mak* sind zwei von ihnen, die auch den vorgeburtlichen Qi-Kreislauf bilden. Die „Leitbahn der Steuerung" oder auch „Lenkergefäß" *(Dumai)* verläuft mit ihren 28 Akupunkten vom Perineum (Damm) zur Rückseite des Körpers und entlang der Wirbelsäule über den Kopf bis in den Mund in die Falte zwischen Kiefer und Lippe. Sie steht in Verbindung mit den Yang-Leitbahnen und dem Kopf.

Die „Aufnehmende Leitbahn" oder auch „Konzeptionsgefäß/Dienergefäß" *(Renmai)* mit 24 Akupunkten beginnt ebenfalls im Perineum, verläuft auf der Vorderseite des Körpers und endet über dem Kinn in der Vertiefung unterhalb der Lippe. Sie steht in Verbindung mit den Yin-Leitbahnen und den Reproduktionsorganen.

Des Weiteren gibt es mehr als 1500 Extrapunkte, die nicht auf den vorher genannten Meridianen liegen. Sie werden entsprechend ihrer Lage eingeordnet und in der Reihenfolge ihrer „Entdeckung" durchnummeriert. In der deutschsprachigen Literatur werden sie häufig mit *Ex*, in der anglo-amerikanischen mit *M* für *Miscellaneous* (Sonstige) abgekürzt; Unterschiede gibt es in Unterscheidung und Zählung:

- Kopf und Nacken   M-HN = Head Neck
- Rumpf und Rücken   M-BW = Back Waist, M-CA = Chest Abdomen
- Arme   M-UE = Upper Extremity
- Beine   M-LE = Lower Extremity.

Engelhardt (1981, S. 37) und Olson (2002, S. 229) schreiben von lediglich 108 Foramina bzw. Energiepunkten, die attackiert werden können. Angriffe auf 36 von ihnen werden als lebensbedrohend, 7 davon sogar als extrem gefährlich eingestuft. Wir gehen davon aus, dass alle Punkte auf den Hauptmeridianen und dem Diener- und Lenkergefäß sowie einige der Extrapunkte sich für Aktionen eignen.

Um sie beim *Dim-Mak* effektiv einzusetzen, ist zuerst die „punktgenaue" Lokalisation notwendig. Dies kann mit Hilfe von Akupunkturbüchern und -tafeln, die zahlreich im Handel erhältlich sind, geschehen. Wichtig ist aber auch, die Richtung und den Winkel des Angriffs sowie die Art der Stimulation (Schlag, Druck oder Reibung) zu kennen. Dies wiederum bedingt den Einsatz der passenden „Waffe" wie Finger, Knöchel, Handballen, Faust, Ellbogen, Knie und Fuß mit der richtigen Kraft. Des Weiteren sollte man über die Polarität des Punktes (Yin oder Yang) und seine Zugehörigkeit zu einem der fünf Elemente informiert sein.

Unbedingt sollte man sich aber auch darüber im Klaren sein, welche Schäden man mit seinen Aktionen anrichten kann und welche Erste-Hilfe-Maßnahmen sofort anzuwenden sind!

Die Fünf Wandlungsphasen

Die zwölf Hauptmeridiane mit ihren 309 Akupunkturpunkten werden den fünf Wandlungsphasen (*Wuxing*) und damit den Elementen Feuer, Erde, Metall, Wasser und Holz zugeordnet. In der kosmologischen Anordnung bildet das Element Erde den Mittelpunkt, um den sich die anderen vier gruppieren. In der Theorie des Taijiquan folgt man diesem Modell. In der TCM und im *Dim-Mak* folgt man der natürlichen Abfolge der fünf Wandlungsphasen, wie sie der „Erschaffungs- oder auch Eltern-Kind-Zyklus" beschreibt.

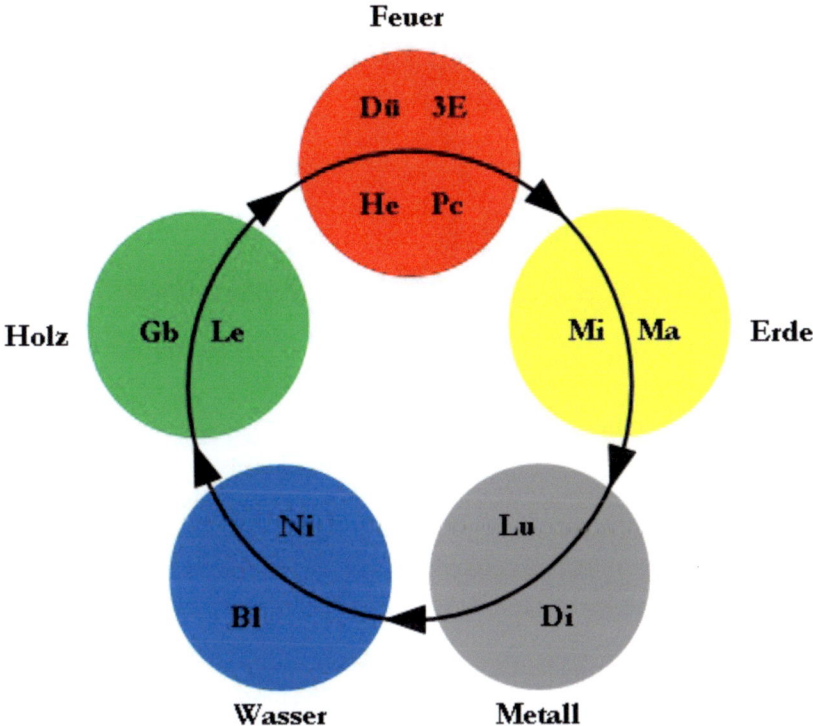

Feuer erschafft Erde (Asche), Erde bringt Metall hervor, an Metall kondensiert Wasser, Wasser lässt Holz wachsen, Holz erschafft Feuer. Im Innenkreis unserer Grafik finden sich die Yin-, im Außenkreis die Yang-Meridiane der entsprechenden Elemente. Im „Bruder-Schwester-Zyklus" unterstützen sich die Yang- und Yin-Energien desselben Elements wie Gallenblase und Leber (Holz) oder Dünndarm und Herz (Feuer). Für eine größere Wirkung kann man Punkte auf den „Geschwistermeridianen" angreifen.

Ebenfalls von großer Bedeutung für die Kampfkünste ist der „Kontroll- oder Zerstörungszyklus", bei dem das Großeltern-Element das Enkelkind-Element kontrolliert:

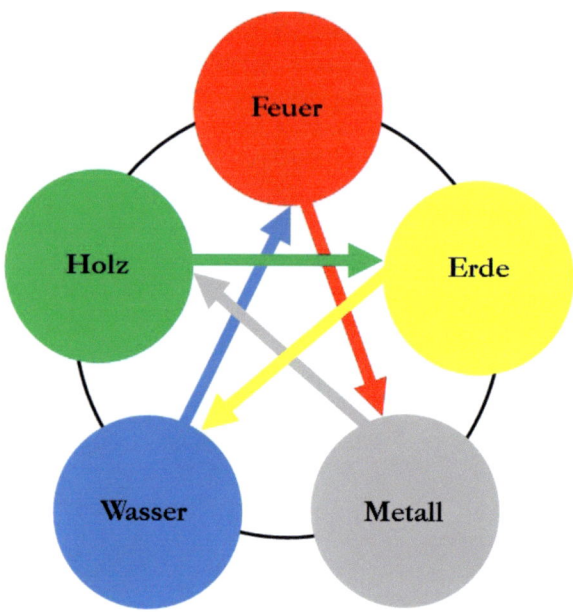

Feuer macht Metall weich und formbar, mit einem Metallbeil hackt man Holz, hölzerne Wurzeln durchdringen die Erde, mit Erdaufschüttungen lässt sich Wasser eindämmen, Wasser löscht Feuer. So können z. B. mit Punkten des Dickdarm-Meridians (Metall) am Unterarm Punkte des Gallenblasen-Meridians (Holz) am Kopf angegriffen werden, um eine bessere Wirkung zu erzielen. Auch ist es möglich, gleich geartete Elemente anzugreifen, also z. B. Feuer mit Feuer zu bekämpfen.

Eine wichtige Funktion haben die Stände in den Kampfkünsten. Der Pferdestand *(Mabu)* mit parallelen Füßen wird dem Element Erde zugerechnet; aus ihm heraus lassen sich gut Punkte auf dem Erde- oder Wassermeridian angreifen. Ebenso werden verschiedene Fausthaltungen den Elementen zugeordnet; so sind z. B. Angriffe mit dem Knöchel des kleinen Fingers (Wasser) prädestiniert für Zielpunkte auf den Feuer-Meridianen. Techniken können entsprechend der Angriffsrichtungen und der anvisierten Meridiane durch Töne verstärkt werden. Die Wirkung von Lauten/Tönen kann aber auch zur Heilung und Gesunderhaltung eingesetzt werden. Die hier begonnene Aufzählung lässt sich noch weiter fortsetzen; umfassende Informationen bietet das Buch *Kyusho-Combat* von Achim Keller (2013) auf über 500 Seiten.

Das Nervensystem

In den vorhergehenden Kapiteln haben wir uns hauptsächlich mit theoretischen Ansätzen auf Basis der chinesischen Philosophie und Kampfkunst sowie der Traditionellen Chinesischen Medizin beschäftigt. Aus der Lebenspraxis heraus kann jeder nachvollziehen, dass die Blockade von Blutgefäßen („Bein eingeschlafen") oder Atemwegen („sich verschlucken") sowie die Verletzung von Sehnen, Muskeln und Bändern („Zerrung") negative gesundheitliche Folgen hat, auch wenn sie manchmal nur von kurzer Dauer sind.

Doch wie kann man ein Konzept, das wirkungsvolle Angriffe auf die „innere Energie" in Meridianen und Vitalpunkten beinhaltet, mit Methoden der westlichen Wissenschaft beschreiben und beweisen? "[…] there is no scientific evidence that the acupuncture meridians can sense pain." (Kelly, 2001, S. 41) Es gibt keinen wissenschaftlichen Beweis, dass Meridiane Schmerz fühlen können. Doch es ist in den meisten Fällen nachzuweisen, dass die Punkte des *Dim-Mak* über einem verletzlichen Nerv liegen, und ein Angriff darauf kann direkt das Nervensystem stimulieren! (Vgl. Kelly, 2001, S 41 f.)

Das Nervensystem dient der Reizwahrnehmung und -verarbeitung sowie der Reaktionssteuerung. Es wird unterteilt in das zentrale und das periphere Nervensystem, die beide funktionell eng miteinander verflochten sind. Gehirn und Rückenmark bilden das zentrale, alle anderen Nerven das periphere Nervensystem, das unterteilt ist in das somatische und das autonome Nervensystem.

Das somatische besteht aus den motorischen Nerven, die die Muskeln kontrollieren, und den sensorischen Nerven, die den Schmerz, die Körpertemperatur und die Körperposition kontrollieren.
Das autonome Nervensystem kontrolliert ohne bewusste Steuerung

– den Blutdruck
– den Herzschlag
– die Verdauung
– die Ausscheidung
– die Atmung und
– den Schlaf.

Die beiden Bereiche des Systems, das sympathische und das parasympathische Nervensystem, handeln an den inneren Organen in antagonistischer Weise. Das eine erhöht, das andere mindert die Aktivität desselben Organs.

Einige der Organe, wie zum Beispiel der Magen oder der Darm, werden durch das parasympathische Nervensystem stimuliert, andere Organe, wie die Lunge und das Herz, durch das sympathische Nervensystem. Es ist wichtig zu wissen, dass jedes Organ durch beide Nervensysteme beeinflusst wird, wenn auch auf unterschiedliche Weise.

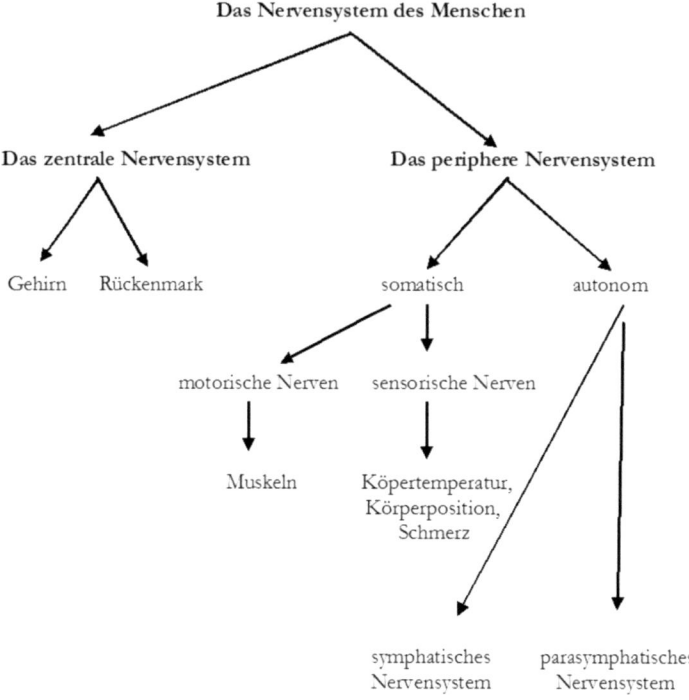

Ein Großteil der Dim-Mak-Punkte liegt auf den peripheren Nerven des somatischen Nervensystems. Angriffe auf Punkte der sensorischen Nerven können starke Schmerzen verursachen, Angriffe auf motorische Nerven können Schmerz und Lähmung hervorrufen. Außerdem hat das somatische Nervensystem eine neurologische Verbindung zum autonomen Nervensystem der inneren Organe, sodass die Stimulierung des somatischen Nervensystems Veränderungen im autonomen hervorrufen kann. Doch gibt es auch Angriffe des *Dim-Mak*, die die inneren Organe nicht über das Nervensystem, sondern direkt traumatisieren wie z. B. Leber 13 auf der rechten Körperseite. Ausführliche Zusammenstellungen der neurologischen Effekte der Dim-Mak-Punkte finden sich bei Keller (2013, S. 79 ff.) und Kelly (2001, S. 59 ff.)

Beim Üben, gerade bei Schlagtechniken, ist es **nicht** notwendig, mit großer Kraft zu arbeiten. Durch sanftes Pressen kann man die korrekte Stelle und den richtigen Winkel herausfinden. Um eine optimale Wirkung zu erzielen, muss bei der Technikausführung auf folgendes geachtet werden:

- Korrekter Angriffswinkel
- Einsatz der richtigen Waffe
- Einsatz der richtigen Kraft
- Druck, Schlag oder Reibung.

Zu unterscheiden sind dabei folgende unterschiedliche Reaktionen des Körpers:

- Schmerz
- Lähmung
- Gleichgewichtsstörung
- Ohnmacht.

Das Studium des *Dim-Mak* beginnt mit dem Erlernen der Grundlagen der Traditionellen Chinesischen Medizin und der vitalen Körperpunkten mit dem Ziel, die Techniken von Kampfkunst und Selbstverteidigung effektiver anzuwenden. Man lernt, in welcher Richtung, Reihenfolge und Intensität die einzelnen Punkte angegriffen werden müssen. Ein wichtiges Element des *Dim-Mak* ist weiterhin das Studium der Reaktion des Körpers auf die Stimulation dieser Punkte. Das Wissen wurde in den Bewegungen der Kampfkunstformen verschlüsselt und über Generationen erhalten und weitergegeben. Anstatt von muskulärer Kraft Gebrauch zu machen, nutzt man beim *Dim-Mak* die Kenntnisse über den menschlichen Körper, um einen Angreifer zu kontrollieren oder zu überwältigen. Praktiker des *Dim-Mak* kennen keine Abwehr. Jede von ihnen ausgeführte Technik wird als Angriffe auf Vitalpunkte gesehen. Ziel ist immer, den Gegner mit minimalem Energieaufwand unter Kontrolle zu bringen oder kampfunfähig zu machen.

Dim-Mak oder *Kyusho-Jitsu*, das über Jahrhunderte geheim gehalten und in den Formen verschlüsselt war, wurde von George A. Dillman (geb. 1942), einem renommierten US-amerikanischen Kampfkunstexperten, wiederentdeckt. Erste Erkenntnisse bekam er durch Hohan Soken, einen 1982 verstorbenen Karate-Meister aus Okinawa. Dillman wollte verhindern, dass dieses Wissen noch einmal verloren geht. Deshalb erforschte er mit asiatischen Kampfkunstmeistern sowie Fachleuten der chinesischen und westlichen Medizin Grundlagen, Methoden und Wirkungen. So entwickelte sich ein komplexes System, das inzwischen weltweit in den Kampfkünsten angewandt wird. Wichtigster Vertreter und Protagonist in Deutschland war Gebhard Lämmle (1959–2011).

Im folgenden Praxisteil werden wir die 24 Folgen der Peking-Form darstellen und Anwendungen des *Dim-Mak* demonstrieren. Sicherlich gibt es noch weitere Möglichkeiten, doch als Einstieg möchten wir Aktionen zeigen, die sich offensichtlich aus den Schritten und Techniken der Form ergeben.

Schonen Sie Ihre Trainingspartner(innen), so wie Sie geschont werden möchten, und arbeiten Sie langsam und lediglich mit sanftem Körperkontakt. Schnelle Ausführungen sollten nur unter Anleitung und Aufsicht eines erfahrenen Lehrers erfolgen, der auch die speziellen Reanimationstechniken beherrscht!

Die 24 Folgen der Peking-Form

1	Der Beginn	Qi-Shi
2	Die Mähne des Wildpferdes teilen	Ye-Ma Fen-Zong
3	Der weiße Kranich breitet seine Schwingen aus	Bai-He Liang-Chi
4	Das Knie streifen	Luo-Xi Niu-Bu
5	Das Lautenspiel	Shou-Hui Pi-Pa
6	Zurückschreiten und die Arme wirbeln	Dao-Juan-Hong
7	Den Spatzenschwanz fangen, links	Zuo Lan-Que-Wei
8	Den Spatzenschwanz fangen, rechts	You Lan-Que-Wei
9	Die Peitsche	Dan-Bian
10	Die Wolkenhände	Yun-Shou
11	Die Peitsche	Dan-Bian
12	Auf dem Pferd reiten und nach dem Weg fragen	Gao-Tan-Ma
13	Der rechte Fersenstoß	You-Deng-Jiao
14	Die Ohren des Gegners mit beiden Fäusten schlagen	Shuang-Feng Guan-Er
15	Umdrehen und der linke Fersenstoß	Zhuan-Shen Zuo-Deng-Jiao
16	Hinuntersteigen und auf einem Bein stehen, links	Zuo-Xia-Shi Du-Li
17	Hinuntersteigen und auf einem Bein stehen, rechts	You-Xia-Shi Du-Li
18	Das Webschiffchen schleudern	Chuan-Suo
19	Die Nadel auf dem Meeresboden	Hai-Di-Zhen
20	Die Arme wie Fächer ausbreiten	Shan-Tong-Bi
21	Umdrehen, abwehren und zustoßen	Zhuan-Shen Ban-Lan-Chui
22	Verschließen	Ru-Feng Si-Bi
23	Die Hände kreuzen	Shi-Zi Shou
24	Der Abschluss	Shou-Shi

Folge 1:
Der Beginn
mit Übergang zu: Die Mähne des Wildpferdes teilen, links

A steht für Angreifer,
V für Verteidiger.

A startet mit beiden Händen einen Würgegriff zum Hals, den V durch das Heben der Arme abwehrt. Dadurch werden As Arme nach oben geprellt, und er wird leicht destabilisiert. Dabei treffen die Punkte des Dreifach Erwärmer-Clusters an der Oberseite des Unterarms (3E 6, 7, 8 = Feuer) auf As Lungenmeridian (Metall) Feuer zerstört Metall.

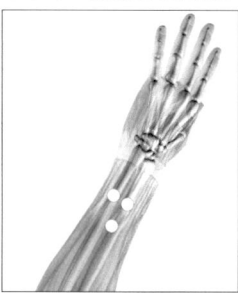

Wenn A versucht, wieder ins Gleichgewicht zu kommen, ergreift V dessen Ellbogen und Ellbeugen, senkt seinen Schwerpunkt und führt dabei As Arme nach unten. V setzt die Bewegung flüssig fort:

Er verlagert seinen Körperschwerpunkt auf das rechte Bein, dreht seinen Körper leicht nach links und führt As rechten Ellbogen nach rechts. Dadurch wird A destabilisiert, und V schlägt mit der rechten Handinnenkante zur linken Kopfseite. Dieser Konter kann zum Dreifach Erwärmer 23 am Ende der Augenbraue oder zu Gallenblase 1 im Augenwinkel erfolgen.

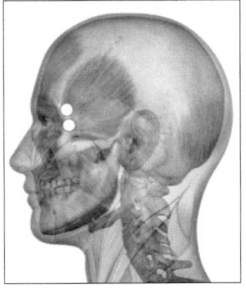

Der Angriff auf jeden dieser Punkte am Kopf ist sehr gefährlich und kann zur Schädigung des Sehnervs, zu Übelkeit, Bewusstseinsverlust und gar zum Tode führen!

Folge 2
Die Mähne des Wildpferdes teilen, links

Nach dem Gegenangriff zum Kopf mit der rechten Handinnenkante ergreift Vs rechte Hand As rechtes Handgelenk, sein linker Oberarm gleitet unter As rechte Achselhöhle. Durch den Schritt links vorwärts mit Gewichtsverlagerung wird der Angreifer zu Boden gebracht. Dies kann auch ohne den Schlag zum Kopf im Anschluss an das Senken der Arme wie in Folge 1 (s. Foto links) ausgeführt werden.

Die Mähne des Wildpferdes teilen, rechts

A greift Vs linkes Handgelenk, zieht die Deckung herunter und setzt zu einem Fauststoß rechts an. V weicht zurück, umfasst seinerseits As Handgelenk und hebt die rechte Hand als Deckung.

Dann stellt V seinen rechten Fuß hinter A, zieht dessen linken Arm kräftig nach links und schlägt mit dem Dreifach Erwärmer-Cluster (Feuer) des rechten Unterarms zum Punkt Dickdarm 18 (Metall) auf As rechter Halsseite. Feuer schmelzt Metall!

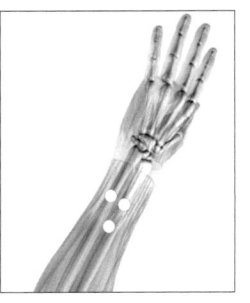
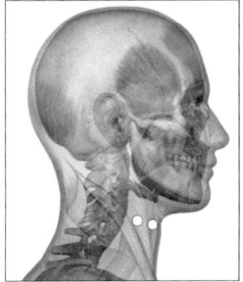

Mit dem Gegenangriff auf Di18 wird meist auch der benachbarte Punkt Magen 9 in der Nähe des Adamsapfels getroffen. Diese Kombination ist lebensgefährlich.

Folge 3:
Der weiße Kranich breitet seine Schwingen aus
mit Übergang zu: Das Kniestreifen links

A ergreift mit rechts das Revers und droht mit einem Fauststoß links. V zieht seinen rechten Fuß heran und legt den linken Unterarm kontrollierend in As rechte Ellbeuge im Punkt Lunge 5 (Metall). Die rechte Hand hält er als Schutz bereit.

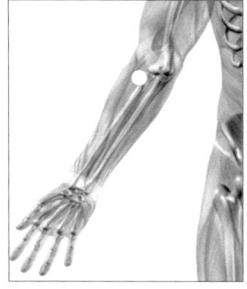

Wenn A zuschlägt, verlagert V seinen Schwerpunkt auf das rechte Bein, gleichzeitig fixiert er mit dem linken Unterarm As rechten an seinem Körper. Diese Aktion bringt A aus dem Gleichgewicht, sein dadurch unkontrollierter linker Fauststoß wird von Vs rechtem Unterarm abgeleitet. As linke Kopfseite ist gänzlich ohne Deckung.

V dreht seine Körperachse weiter nach links, was A noch mehr destabilisiert. Er kontrolliert weiterhin dessen rechte Ellbeuge und schlägt mit den Knöcheln von Mittel- und Zeigefinger der rechten Hand zum Punkt Gallenblase 1 und/oder Dreifach-Erwärmer 23 auf As linker Stirnseite. Dies wird den Angreifenden schwächen oder gar schon kampfunfähig machen.

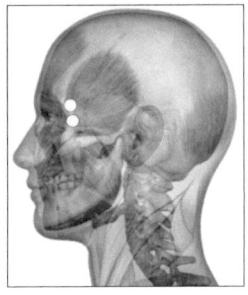

Das Flügelschlagen des weißen Kranichs und das anschließende Kniestreifen beinhalten aber noch mehr Anwendungen:
V dreht seine Körperachse wieder nach rechts und drückt mit dem linken Handballen As Kopf im Punkt Dünndarm 18 unterhalb des Jochbeins in die Position für die nächste Technik.

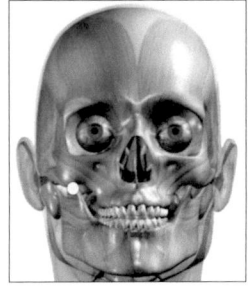

Der linke Unterarm kontrolliert wieder As rechte Ellbeuge (Lunge 5, Metall), der linke Fuß macht einen Schritt vorwärts, der rechte Handballen stößt zu den Punkten 13, 14 und 15 des Gallenblasenmeridians (Holz). Metall zerstört Holz. Ein Angriff auf die drei V-förmig angeordneten Punkte kann Verletzungen des Halses, Bewusstlosigkeit oder Tod zur Folge haben!

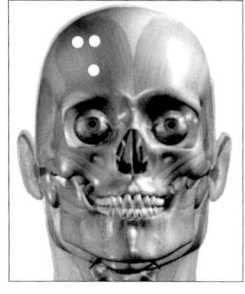

Folge 4:
Das Knie streifen

V zeigt mit den erhobenen leeren Händen seine friedlichen Absichten, A versucht einen Griff mit der linken Hand zum Hals.

V leitet den Angriff beim Schritt rechts vorwärts mit Kniestreifen ab und kontert bei der Gewichtsverlagerung mit dem Handballen zum „dritten Auge/Siegelhalle" *(Yintang)*. Diese Stelle liegt auf keinem Meridian, sondern ist ein Extrapunkt (Ex 1 oder auch M-HN 3). Der Angriff kann Verletzungen im Nackenbereich und Bewusstlosigkeit nach sich ziehen.

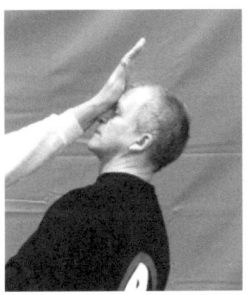
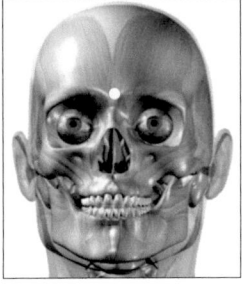

Folge 5:
Das Lautenspiel

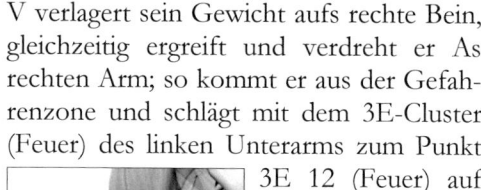

A zieht Vs rechten Arm zur Seite und schlägt mit links zum Kopf; V hebt die linke Hand als Deckung.

V verlagert sein Gewicht aufs rechte Bein, gleichzeitig ergreift und verdreht er As rechten Arm; so kommt er aus der Gefahrenzone und schlägt mit dem 3E-Cluster (Feuer) des linken Unterarms zum Punkt 3E 12 (Feuer) auf der Rückseite von As Oberarm. Feuer gegen Feuer. Ein Schlag auf diesen Punkt führt zu Schmerzen, Bewusstlosigkeit oder Knochenbruch.

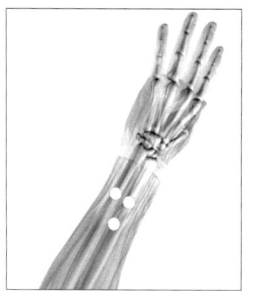
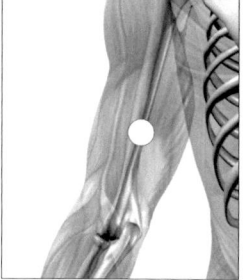

Folge 6:
Zurückschreiten und die Arme wirbeln

A kontrolliert Vs linken Arm und startet einen Fauststoß rechts.

V fasst As linkes Handgelenk und macht links einen Schritt zurück. Dadurch zieht er As linke Körperseite und Kopf nach vorne; gleichzeitig erfolgt der Gegenangriff mit dem Handballen zu Gallenblase 13, 14 und 15 (vgl. S. 38) auf der linken Stirnseite.

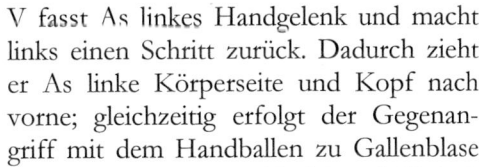

Dies kann Halsverletzungen, Bewusstlosigkeit oder gar den Tod zur Folge haben!

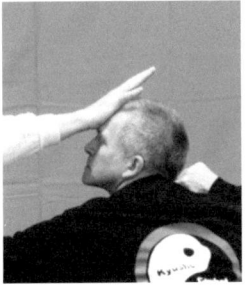

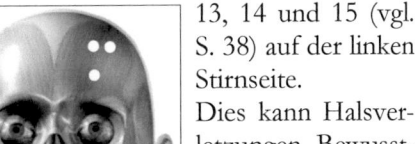

Folge 7:
Den Spatzenschwanz fangen, links

Peng   Lu

Ji   An

Die Anwendungen für *Peng, Lu, Ji* und *An* werden in der Folge 8 „Den Spatzenschwanz fangen, rechts" erläutert.

Folge 8:
Den Spatzenschwanz fangen, rechts

In der Form wird *Peng* mit dem rechten Arm ausgeführt; in der Anwendung erfolgt die Abwehr mit links.

In der Soloausführung von *Lu* geht der Blick Richtung Hand, in der Anwendung zur Zielregion beim Angreifer.

As linker Faustrückenschlag wird von V mit *Peng* links abgeleitet, wobei die Dreifach Erwärmer 6, 7, 8 aufeinander treffen. (Vgl. S. 36, Feuer gegen Feuer!)

V geht fließend über zu *Lu*. Er ergreift As linkes Handgelenk, kontrolliert mit 3E 6, 7, 8 seines rechten Unterarms den Punkt 3E 12 an As linken Oberarm (vgl. S. 36, Feuer gegen Feuer) und verlagert seinen Schwerpunkt auf links. Dies destabilisiert A und exponiert seinen Kopf.

Man könnte jetzt die Technik *An* der Kombination „Spatzenschwanz fangen" anschließen, um A zu Boden zu stoßen, doch möchten wir auf der nächsten Seite eine weitere Anwendungsmöglichkeit von *An* zeigen.

V kontert mit *Ji*, indem er das rechte Handgelenk in As Schläfengrube legt und unter starkem Hüfteinsatz mit dem linken Handballen vehement darauf schlägt. Zielregion der Aktion ist die Mitte der Schläfe; hier befindet sich der Extrapunkt Ex 2 oder M-HN 5, auch „die Sonne" oder „großes Yang" genannt. Evtl. ist die Trefferwirkung sogar tödlich, da die Nerven und Blutgefäße hier direkt unter der Haut liegen!

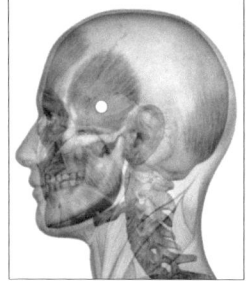
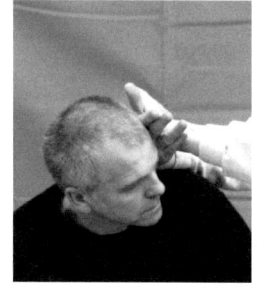

A ergreift die Revers, ein Kopfstoß droht. V drückt mit den Unterarmen As Ellbogen zusammen, um den Kopfstoß zu verhindern.

Durch die Gewichtsverlagerung und Körperdrehung nach links verliert A sein Gleichgewicht, sein Kopf pendelt zur rechten Schulter.

V streckt sein linkes Bein und verlagert das Körpergewicht nach vorne; sein linker Handballen dreht As Kopf im Punkt Dünndarm 18 unterhalb des linken Jochbeins nach rechts, wodurch As Nacken überdreht wird. Während dieser Aktion kontrolliert der rechte Arm As Handgelenke.

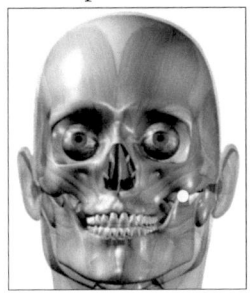

V dreht seine Körperachse und verlagert sein Gewicht weiter auf rechts, seine linke Hand fixiert zur Sicherheit As rechtes Handgelenk. Vs rechter Handballen stößt zu Gallenblase 20 unterhalb des Schädelbasisknochens, was selbst bei einem leichten Treffer gravierende Folgen haben kann.

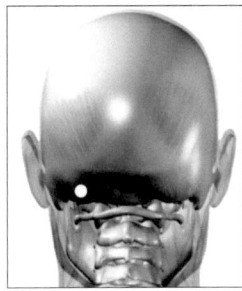

Folge 9:
Die Peitsche

V leitet mit seinen Unterarmen (Hände könnten abrutschen) As Fauststoß ab, indem er das Gewicht auf den linken Fuß verlagert und seinen Körper weit abdreht. Dabei kontrolliert er den Unter- und Oberarm des Angreifers, um einen Angriff mit dem Ellbogen oder der Schulter zu verhindern.

Bei 3E 17 liegt der 7. Hirnnerv (Nervus facialis) direkt unter der Haut und ist so leicht zu verletzen, was zu Gesichtslähmung und schwereren Schäden führen kann.

V ergreift das linke Handgelenk des Angreifers und fixiert dessen Unterarm an seinem Körper. Mit der Gewichtsverlagerung aufs rechte Bein positioniert er den Knöchel des rechten Mittelfingers in der Vertiefung hinter dem Ohrläppchen (Dreifach Erwärmer 17), streckt den rechten Arm und beugt dabei das Handgelenk, sodass der Knöchel im 45° Winkel in Richtung Nasenspitze geschoben wird.

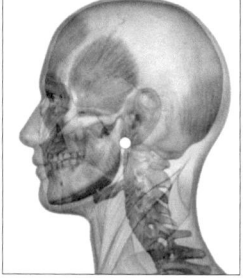

Folge 10:
Die Wolkenhände

As linker Faustrückenschlag wird von V mit *Peng* links abgeleitet, wobei die Dreifach Erwärmer 6, 7, 8 aufeinander treffen. Feuer gegen Feuer.

V ergreift As Handgelenk zur Kontrolle und setzt seinen rechten Fuß hinter den linken des Angreifers. Gleichzeitig führt er mit der Handkante einen Konter zum Ende der 11. Rippe, wo der Akupunkturpunkt Leber 13 liegt. Die Technik kann linksseitig schwere Schäden an der Milz, rechtsseitig an der Leber herbeiführen.

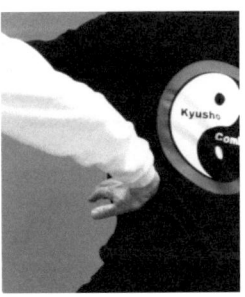
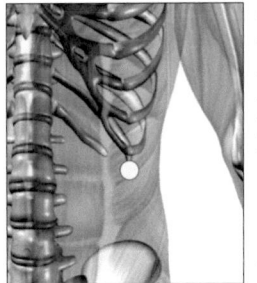

Folge 11:
Die Peitsche

V leitet As Fauststoß mit der Wolkenhand links *(Peng)* ab, indem er das Gewicht auf den linken Fuß verlagert und seinen Körper weit abdreht.

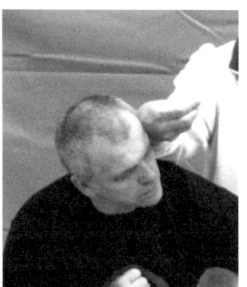

Mit der linken Hand ergreift er das linke Handgelenk des Angreifers und streckt dessen Arm nach schräg unten, um eine Körperdrehung des Gegners mit Faustschlag zu verhindern. Bei der Gewichtsverlagerung auf das rechte Bein schlägt er mit dem rechten Handgelenk zur Schläfengrube zum Extrapunkt 3. (Vgl. S. 44)

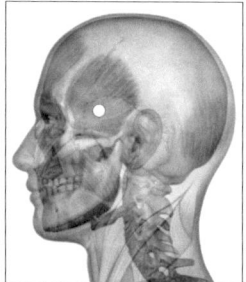

Folge 12:
Auf dem Pferd reiten und nach dem Weg fragen

V weicht vor dem linken Fauststoß zurück und leitet diesen mit dem 3E-Cluster (vgl. S. 32) des linken Unterarms nach links unten ab.

Sofort verlagert er sein Zentrum auf links und kontert mit einem rechten Handballenstoß zum Extrapunkt 3 im Schläfenbereich.

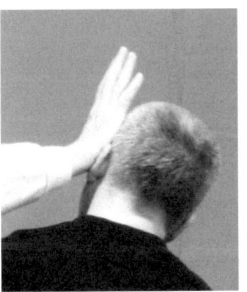
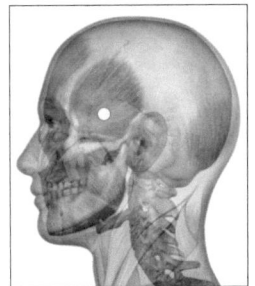

Folge 13:
Der rechte Fersenstoß

V weicht dem Fauststoß zum Kopf durch einen Schritt nach links vorne aus und attackiert As Elle mit der rechten Handkante. Feuer gegen Feuer.

Der Name der Folge bezeichnet zwar einen Fersenstoß, doch ist auch ein Tritt mit der Schuhspitze oder den Zehen in die offene Achselhöhle zum Punkt Herz 1 möglich. Die Technik kann von örtlichem Schmerz bis hin zu Herzstillstand führen, da in der Achselhöhle zahlreiche Lymph- und Blutgefäße sowie Nervenstränge verlaufen.

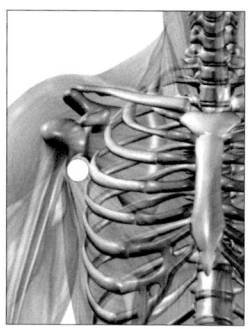

Folge 14:
Die Ohren des Gegners mit beiden Fäusten schlagen

V demonstriert mit der „Hände hoch-Position" seine friedlichen Absichten, A versucht mit beiden Händen die Revers zu ergreifen.

V verlagert sein Zentrum nach hinten, führt As Arme nach unten und kontert sofort halbkreisförmig mit den Daumenknöcheln zu 3E 17 (vgl. S. 46).

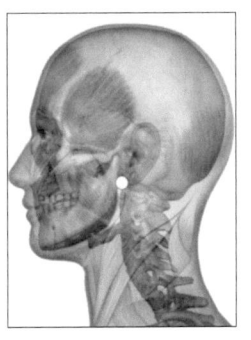

Folge 15:
Umdrehen und der linke Fersenstoß
im Anschluss an Folge 14

Nach dem Gegenangriff zum Dreifach Erwärmer 17 links und rechts ...

... ergreift V As Ohrmuscheln, seine Knöchel pressen die 3E-Meridiane, die hinter den Ohren verlaufen.

Mit der Gewichtsverlagerung dreht er As Kopf und führt ihn nach links.

Sofort verlagert V sein Gewicht und As Kopf wieder nach rechts, was sehr unangenehm für dessen Nackenbereich ist.

Abschließend tritt V mit dem linken Fuß gegen As rechtes Bein knapp oberhalb des Knies zu Punkt Milz 10, dem „Meer des Blutes". Die Kombination von Genickhebel und Tritt führt zu einer Überdehnung der Nackenmuskulatur sowie zu einem Schock und evtl. Bewusstlosigkeit.

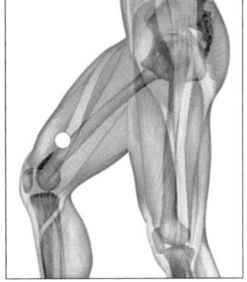

Folge 16:
Hinuntersteigen und auf einem Bein stehen, links

V wehrt den Griffversuch ab, indem er auf das hintere Bein zurückweicht und mit dem linken Unterarm den Angriff ableitet. Hierbei trifft der 3E-Cluster an der Oberseite des Unterarms (Feuer, vgl. S. 40) auf den Dickdarm-Meridian (Metall). Feuer schmelzt Metall.

Vs linke Hand kontrolliert As Handgelenk; mit der Gewichtsverlagerung nach vorne erfolgt der Angriff mit dem Halbkreis aus Daumen und Zeigefinger („Tigermaul") zu Magen 9 auf beiden Seiten des Adamsapfels. Hierdurch werden nicht nur die Meridiane kontrolliert, sondern auch Blutfluss und Atmung beeinträchtigt.

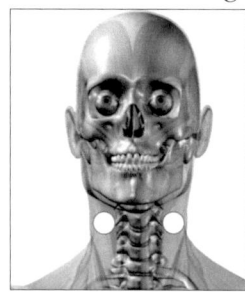

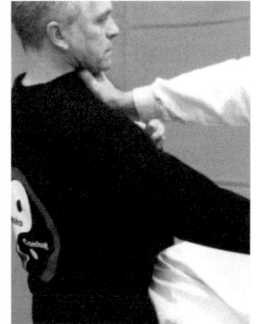

Durch den Griff zur Kehle lehnt sich der Angreifer zurück und exponiert seinen Bauchraum. Sofort erfolgt mit rechts ein Kniestoß zu Magen 25 auf Nabelhöhe. Die Kombination von zwei oder drei Techniken zur selben Leitbahn (hier zum Magenmeridian) steigert die Wirkung; in diesem Fall kann sie tödlich sein!

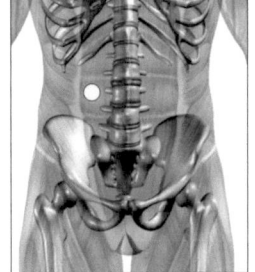

Folge 17:
Hinuntersteigen und auf einem Bein stehen, rechts

A greift zum linken Revers und droht mit Fauststoß rechts. Vs linke Hand fixiert As Unterarm an der Brust, gleichzeitig setzt er seinen rechten Fuß hinter den Angreifer und schlägt mit der rechten Innenhandkante zu Magen 30 (Erde) an der Oberkante des Schambeins. Dieser Gegenangriff alleine ist schon sehr gefährlich.

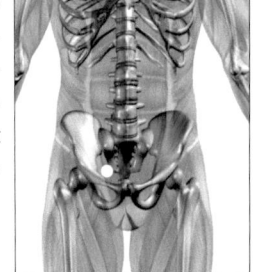

Anschließend verlagert V sein Gewicht ganz aufs rechte Bein, seine rechte Hand übernimmt die Kontrolle von As linkem Arm, mit links erfolgt der Kniestoß zu Magen 25 (Erde, vgl. S. 51). Abschließend schlägt der linke Handwurzelknochen nahe der Halswirbelsäule auf Blase 10 (Wasser). Erde hemmt Wasser. Diese Kombination aus drei Techniken kann tödlich sein!

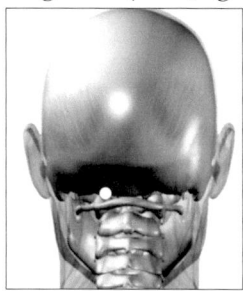

Folge 18:
Das Webschiffchen schleudern, links

A kontrolliert Vs rechte Hand und droht mit Fauststoß links.

Sofort verlagert der Verteidiger seinen Schwerpunkt aufs rechte Bein. Gleichzeitig ergreift er As Handgelenk und rotiert dessen rechten Arm nach rechts oben, sodass der Angreifer weggedreht wird und nicht mehr zuschlagen kann. Gleichzeitig erfolgt der Konter mit einem Handballenstoß links zum Punkt Leber 13 am freien Ende der 11. Rippe. (Vgl. S. 47)

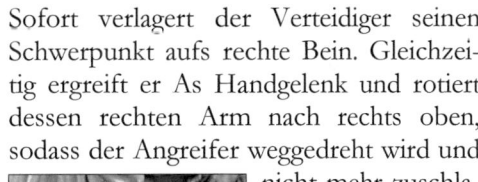

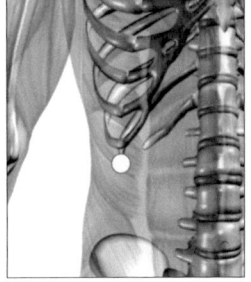

Das Webschiffchen schleudern, rechts

As rechter Faustschlag wird von V mit dem 3E-Cluster des rechten Unterarms abgeleitet.

V wechselt die Stellung; seine linke Hand ergreift As rechtes Handgelenk, sein rechter Handballen stößt frontal zu Magen 17 (Brustwarze) rechts. Der Schock kann Kopfschmerzen und Übelkeit zur Folge haben. Ein Angriff auf den Punkt Ma 17 der linken Körperseite schädigt das Herz.

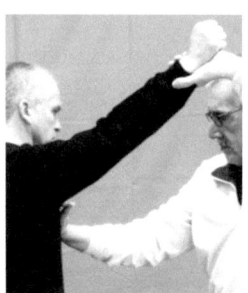
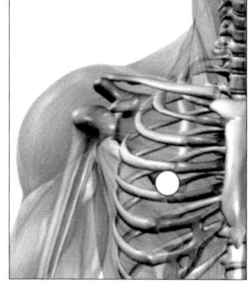

Folge 19:
Die Nadel auf dem Meeresboden

A kontrolliert Vs rechtes Handgelenk und setzt zum Fauststoß an. V weicht zurück, seine linke Hand ist als Deckung gehoben.

V befreit sich, indem er sich nach rechts dreht, die rechte Hand zurückzieht und mit der linken As Hand abstreift. So kommt er aus der Reichweite von As Faust. Sofort führt er mit dem rechten Handballen einen Konter zu Blase 23, was Nierenschmerzen und -versagen verursachen kann.

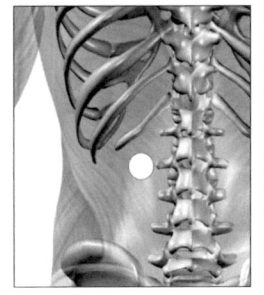

Folge 20:
Die Arme wie Fächer ausbreiten

A kontrolliert Vs rechtes Handgelenk und setzt zum Fauststoß an.

V verlagert sein Gewicht ganz aufs rechte Bein und zieht dabei seine rechte Hand, unterstützt durch die linke, in Richtung rechter Schläfe. Dadurch wird A gedreht und kann den Faustschlag nicht ausführen.

V greift As rechtes Handgelenk und macht mit links einen Schritt neben ihn; gleichzeitig stößt seine linke Hand zu As oberen Rippen; dabei trifft der Handballen den Milzmeridian im Punkt 21.
Dieser Konter kann großen energetischen und physischen Schaden im Bereich von Leber und Lunge nach sich ziehen.

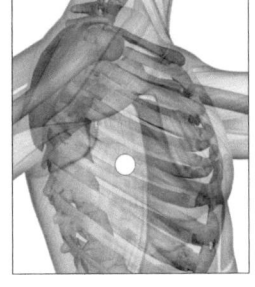
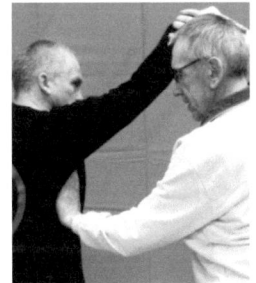

Folge 21:
Umdrehen, abwehren und zustoßen

A kontrolliert Vs rechtes Handgelenk und setzt zum Fauststoß links an. V verlagert sein Zentrum aufs rechte Bein, setzt den linken Fuß hinter den Angreifer und dreht dessen rechten Arm und damit auch seinen Körper. Unterstützt wird diese Aktion durch die Hebelwirkung von Vs linker Hand im Punkt Dreifach Erwärmer 11 oberhalb von As Ellbogen.

Mit der Gewichtsverlagerung aufs linke Bein übt V stärkeren Druck und Kontrolle auf As Ellbogen aus; er löst die rechte Faust und schlägt zu Leber 13 (vgl. S. 47) auf der rechten Seite mit der Gefahr schwerer Verletzungen für den Angreifer.

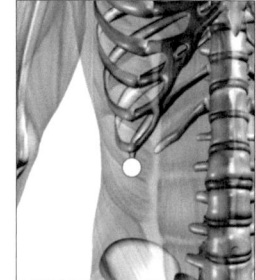

Folge 22:
Verschließen

A greift beide Handgelenke, um V zu immobilisieren.

V dreht sich nach links und verlagert dabei seinen Körperschwerpunkt weiter aufs linke Bein; gleichzeitig schiebt er seine rechte Hand über die linke. Dadurch lockert sich As Griff. Hierdurch wird das „Abstreifen" der Hände vorbereitet.

Mit einer kräftigen Körperdrehung nach rechts löst V seine rechte Hand und …

… verlagert seinen Schwerpunkt wieder ganz auf links; seine linke Hand kontrolliert weiterhin die Arme des Angreifers. Mit dem rechten Handballen stößt er gerade zu Gallenblase 8 und 9 oberhalb von As linkem Ohr. Es drohen Verlust des Erinnerungsvermögens, Bewusstlosigkeit oder sogar der Tod.

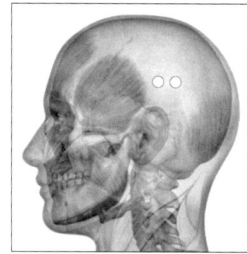

Folge 23:
Die Hände kreuzen

A packt beide Revers, ein Kopfstoß droht. Zur Abwehr hebt V die Hände und kreuzt die Unterarme in As Ellbeugen im Punkt Lunge 5; gleichzeitig senkt er seinen Schwerpunkt. Dadurch wird A destabilisiert und sein Kopf gesenkt; die Gefahr des Kopfstoßes ist erst einmal gebannt.

Sofort richtet sich V auf und kontert mit den gekreuzten Händen zu Ma 9 auf beiden Seiten des Adamsapfels. (Vgl. S. 54)

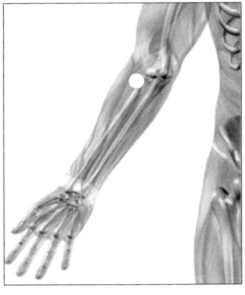
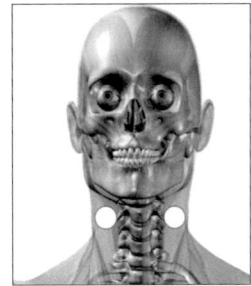

Folge 24:
Der Abschluss

Falls A nach der Aktion gegen Magen 9 noch nicht ausgeschaltet ist, wird mit dem Öffnen der Arme seine Energie nach oben geführt und …

… anschließend verstärkt nach unten abgegeben. Dabei treffen die Handwurzelknochen den Punkt Gallenblase 21 auf beiden Seiten der Schultern, was sehr negative Auswirkungen auf den Organismus und das gesamte Nervensystem hat.

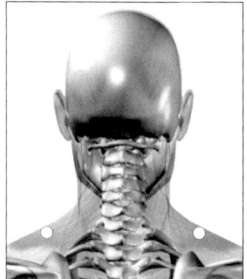

Der SINN erzeugt die Eins.
Die Eins erzeugt die Zwei.
Die Zwei erzeugt die Drei.
Die Drei erzeugt alle Dinge.
Alle Dinge haben im Rücken das Dunkle
und streben nach dem Licht,
und die strömende Kraft gibt ihnen Harmonie.

Laotse

Wir hoffen, etwas Licht in die dunkle Seite des Taijiquan gebracht zu haben!

Literaturverzeichnis:

Anders, Frieder (Hg.), 2001: Taichi. Chinas lebendige Weisheit. Grundlagen der fernöstlichen Bewegungskunst. München

Bödicker, Martin, 2013: Das Tai Chi-Klassiker Lesebuch. Schätze der chinesischen Kultur. Bd. 3. Willich

Cheng, Man-ch´ing, 1988: Ausgewählte Schriften zu T´ai Chi Ch´uan. Meditation, I Ging, Kalligraphie und Chinesische Medizin. Aus dem Amerikanischen von Jürgen Licht. Basel

Engelhardt, Ute, 1981: Theorie und Technik des Taiji Quan in acht besonderen Merkmalen. Schorndorf

Keller, Achim, 2013: Kyusho-Combat. Das Kompendium. Norderstedt

Kelly, Michael, 2001: Death Touch. The Science Behind the Legend of Dim-Mak. Boulder

Kwong, Yiu, 1981: Tui Shou & San Shou in T´ai Chi Ch´üan. With English translations by Mok Kwink-yuen. Hong Kong

Liang, Shou-Yu/Wu, Wen-Ching, 1996: Tai Chi Chuan. 24 and 48 Postures with Martial Applications. 2. Aufl. Roslindale

Lie, Foen Tjoeng, 1987: Chinesisches Schattenboxen. Tai-Ji-Quan für geistige und körperliche Harmonie. Niedernhausen/Ts.

Moegling, Klaus, 1993: Die chinesische Bewegungsmeditation Tai Chi Chuan. Ein Lehrbuch für Anfänger und Fortgeschrittene. 3. Aufl. München

Olson, Stuart (Hg.), 2002: Das Wesen des Taiji-Quan. Die geheimen Trainingsdokumente der Familie Yang nach Cheng Gong. Teil 2. Bielefeld

Proksch, Christa, 1987: Taijiquan. Die Kunst der natürlichen Bewegung. Mit Beiträgen von Ute Engelhardt und August Nitschke. Darmstadt und Neuwied

Silberstorff, Jan, 2003: Chen. Lebendiges Taijiquan im klassischen Stil. München

Simplified "Taijiquan", 1980: China Sports Series I. Beijing

Swaim, Louis (Hg.), 2005: Yang, Chengfu. The Essence and Applications of Taijiquan. Translated by Louis Swaim. Berkeley

Wagner, Matthias (Hg.), 2011: Yang, Chengfu. Das vollständige Buch von Form und Anwendung des Taijiquan. Erstausgabe 1934, auf der Basis der Neuauflage von 1948 übersetzt, gestaltet und herausgegeben von Matthias Wagner. Baden-Baden

Yang, Iwing-Ming, 1995: Taiji Chin Na. The Seizing Art of Taijiquan. Boston

Yang, Iwing-Ming, 1996: Tai Chi Chuan Martial Applications. Advanced Yang Style Tai Chi Chuan. 2., überarb. Aufl. der Erstausgabe von 1986. Boston

Yeung (Yang) Sau Chung, 1977: Practical Use of Tai Chi Chuan. Its Applications and Variations. Hong Kong